LES OISEAUX

ALPHABET ILLUSTRÉ

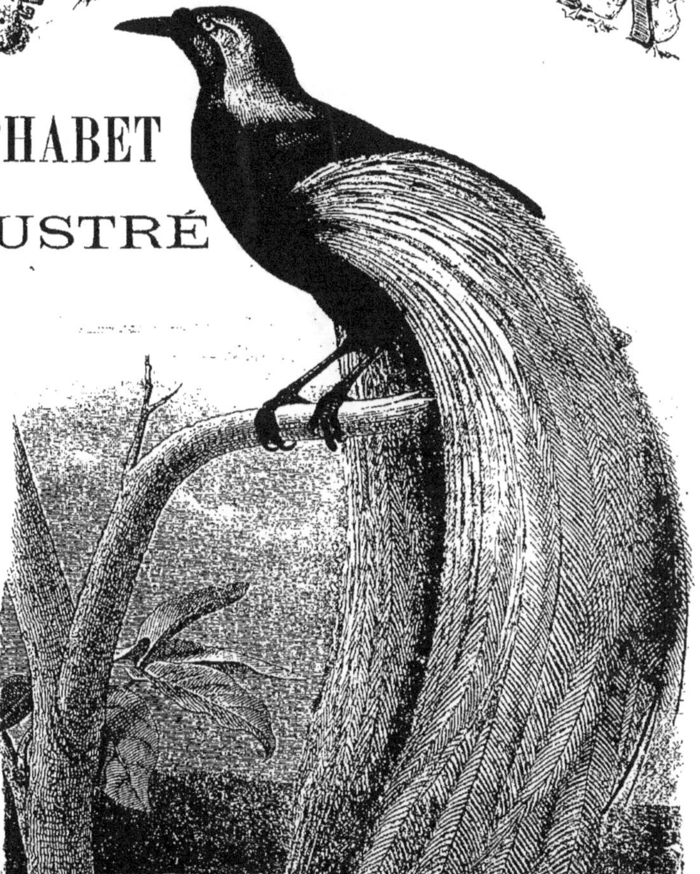

Traviès del — Michelet sc — E. Fournier sc

GARNIER FRÈRES, LIBRAIRES-ÉDITEURS
6, rue des Saints-Pères, 6

ALPHABET ILLUSTRÉ

DES

OISEAUX

Oiseaux-Mouches

ALPHABET ILLUSTRÉ

DES

OISEAUX

DESSINS

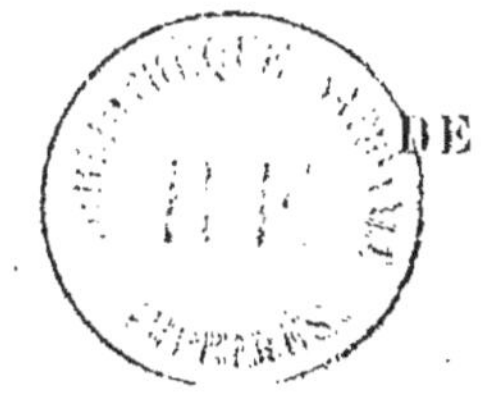

DE MM. TRAVIÈS ET CHAPUIS

GRAVÉS PAR MICHELET

PARIS

GARNIER FRÈRES, LIBRAIRES-ÉDITEURS

6, RUE DES SAINTS-PÈRES, 6

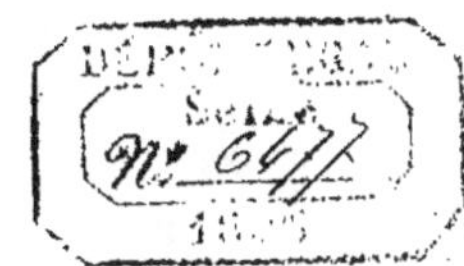

Paris. — Charles UNSINGER, imprimeur, 83, rue du Bac.

LETTRES MAJUSCULES

A B C D E

F G H I J

K L M N O

P Q R S T

U V X Y Z

W Æ Œ

Coq.

LETTRES MINUSCULES

a b c d e f g

h i j k l m n

o p q r s t u

v x y z w æ œ

LETTRES ITALIQUES

a b c d e f g

h i j k l m n

o p q r s t u

v x y z w æ œ

accent aigu   accent grave   accent circonflexe   tréma

1 2 3 4 5 6 7 8 9 0

un   deux   trois   quatre   cinq   six   sept   huit   neuf   zéro

Poule et ses Petits.

SYLLABES

ba	be	bi	bo	bu	ca	ce
ci	co	cu	da	de	di	do
du	fa	fe	fi	fo	fu	ga
ge	gi	go	gu	ha	he	hi
ho	hu	ja	je	ji	jo	ju
ka	ke	ki	ko	ku	la	le
li	lo	lu	ma	me	mi	mo
mu	na	ne	ni	no	nu	pa
pe	pi	po	pu	ra	re	ri
ro	ru	sa	se	si	so	su
ta	te	ti	to	tu	va	ve
vi	vo	vu	xa	xe	xi	xo
xu	za	ze	zi	zo	zu	

Pierrot.

Hirondelle.

Alouette.

SYLLABES

Ba-ba, Da-da, Pa-pa, Ta-lon,
Va-che, Pa-ge, Par-ti, Da-me,
Ma-ri, Ma-man, Bé-bé, Ché-ri,
É-té, Mé-tal, Pâ-té, Ci - té,
Cas-sé, Ca-ché, But-te, Fâ-ché,
Ba-sa-ne, Ca-na-ri, Ca-ba-ne,
Ca-ra-fe, Ha-ri-cot, Ca-sa-que,
La-va-ge, Ga-ba-re, Ma-la-de,
Ca-la-mi-té, Ca-ma-ra-de-rie,
Na-ta-tion, É-ta-blis-se-ment,
Bé-né-fi-ce, Pé-tri-fi-ca-tion,
Fa-ci-li-té, A-gri-cul-tu-re,
Fé-ro-ci-té, Af-fa-bi-li-té,
Mé-ca-ni-que, Gé-né-ro-si-té,
Ré-cré-a-tion, Vé-né-ra-tion.

Chardonneret. — Serin sauvage des Canaries.
Bouvreuil.

SYLLABES

Bi-che, Cri-er, Cou-rir, Fu-sil,
Ha-bit, Hi-bou, Ké-pi, Ki-lo,
Li-ban, Mi-nuit, Ni-veau, Ri-re,
Fu-té, Pu-ce, Pu-nir, Re-çu,
Ju-pon, Ju-ry, Lu-tin, Lu-cas,
Ci-ra-ge, Ci-ta-din, I-ta-lie, Gi-bier,
Bi-tu-me, Du-ra-ble, Du-re-té,
Li-ber-té, Li-mi-te, Qua-li-té,
Mi-li-ce, Pis-sen-lit, Bi-ri-bi,
Ci-vi-li-té, Di-vi-ni-té, Lu-ci-di-té,
Fi-dé-li-té, Hi-la-ri-té, Fé-ro-ci-té,
Fi-la-teur, Phy-si-que, Tri-che-rie,
Li-brai-rie, Mi-né-raux, Cy-près,
Lui, Loin, Foin, Dieu, Buis,
Lien, Mien, Tien, Sien, Fier-té.

Ara rouge. — Perruche à moustaches.

La toi-let-te de ma-man.

Le pa-le-tot de pa-pa.

Le pis-to-let de Geor-ges.

Le fu-sil et le sa-bre d'A-dri-en.

La pou-pée de Jean-ne.

J'ai-me beau-coup mes pa-rents.

Mon per-ro-quet ba-var-de.

As-tu dé-jeu-né, Jac-quot?

Le so-leil é-blou-it Ju-lien.

La lu-ne bril-le pen-dant la nuit.

Il faut é-tu-dier sa le-çon.

Te-nons-nous bien à ta-ble.

Je vais me la-ver les mains.

Les dra-gons pas-sent au ga-lop.

Je li-rai bien-tôt cou-ram-ment.

Aigle royal

L'ai gle roy al est le plus grand de tous les ai gles. Il at teint jus qu'à trois mè tres d'*en ver gu re*, c'est-à-di re, les ai les é ten dues. Il se nour rit gé né ra-le ment de pe tits a ni maux tels que les a gneaux et les liè vres, qu'il em por te dans son *ai re* ou nid. Sou vent aus si il at ta que des a ni maux plus grands, les tue et les dé pè ce sur pla ce.

Bengalis

Ces char mants pe tits oi seaux ti rent leur nom du pays ap pe lé *Ben ga le,* où on les trou ve en grand nom bre. Le bleu clair et le rou ge sont les cou leurs qui do mi nent dans leur plu ma ge. Les ben ga lis mâ les ont un chant très a gré a ble.

3

Cygne (espèce sauvage).

Cygne

Le Cygne est le plus grand et le plus beau des oiseaux *aquatiques,* c'est-à-dire qui vivent dans l'eau. Il est remarquable par l'élégance de ses formes, par la souplesse de ses mouvements, et surtout par la blancheur éclatante de son plumage. Sa force est considérable. L'aigle est le seul oiseau qui ose attaquer le cygne, et celui-ci repousse souvent son ennemi en le frappant de ses ailes. Ces ailes sont, en effet, si puissantes qu'elles sont capables, dit-on, de casser la jambe d'un homme. Quand le cygne est à terre, sa marche est lourde et embarrassée. Mais dans l'eau, ses mouvements sont d'une grâce et d'une aisance incomparables. Aussi fait-il le principal ornement de nos pièces d'eau. Le cri du cygne n'a rien d'harmonieux, et sa chair est peu délicate; mais son duvet forme une fourrure très estimée. Sa nourriture consiste en graines, en racines, en vers et en insectes. Le cygne d'Europe est complètement blanc, mais on trouve en Australie des cygnes noirs.

Dindon

Le din don a la tail le é le vée, le bec pe tit et re-
cour bé ; u ne mem bra ne char nue re cou vre sa
tê te et s'é tend sur u ne par tie du bec et du cou.
Sa queue est gar nie de plu mes lon gues qu'il re-
lè ve par fois de ma niè re à fai re la roue.

Les din dons noirs sont plus ro bus tes que les
din dons blancs ou bi gar rés.

Engoulevent

Les en gou le vents sont des oi seaux de for me mas si ve. Leur tê te se dé ta che à pei ne du corps. Ils tien nent sou vent leur bec lar ge ment ou vert, de sor te qu'ils sem blent a va ler l'air ; de là vient leur nom d'*en gou le vent*. Ils font aux in sec tes u ne guer re a char née.

Flamant.

Flamant

Le fla mant fait par tie des oi seaux que l'on nom-
me *é chas siers,* à cau se de leurs jam bes min ces
et lon gues com me des *é chas ses.* Il a plus d'un
mè tre et de mi de hau teur. Son plu ma ge est d'un
ro se vif le long du cou, sur le dos et aux pat tes,
et d'un ro se plus pâ le sur les au tres par ties du
corps ; son bec est rou ge, mais la poin te en est
noi re. Les ai les sont d'un rou ge ar dent, sem bla-
ble à la cou leur de la *flam me,* ce qui lui a fait
don ner son nom de *fla mant.* Les fe mel les sont
d'u ne tein te plus pâ le, presque blan che, et ont
des ai les d'un rou ge moins vif que les mâ les.
Ces oi seaux vi vent en so ci é té sur les bords de
la mer, près des lacs sa lés et des ma ré ca ges.
Ils se nour ris sent sur tout de pois sons, et quand
ils pê chent, ils s'a van cent sur u ne mê me li gne
com me des sol dats à l'ex er ci ce. Quand ils sont
au re pos, ils se tien nent é ga le ment en fi le, de-
bout sur un seul pied, l'au tre jam be re pli ée sous
le corps. En mê me temps, ils in cli nent leur long
cou sous u ne ai le. On re cher che leurs plu mes et
leur du vet ; mais leur chair est peu es ti mée.

Grand-Duc.

Grand-Duc

Le grand-duc est le plus grand des oi seaux de proie *noc tur nes,* c'est-à-di re qui chas sent pen dant la nuit. Il est plus pe tit que l'oie, mais il pa raît pres que aus si gros, par ce que son plu ma ge est très dé ve lop pé. Sa tê te est lar ge, sur mon tée d'u ne hup pe et mu nie d'un bec cro chu. Au-des sus de cha que œil s'é lè ve un pin ceau de lon gues plu mes qui for me des es pè ces d'o reil les. La cou leur du grand-duc est fau ve; le de vant de la poi tri ne est blanc, les ai les sont bru nes, le bec et les on gles noirs. Un é pais du vet en tre mê lé à ses plu mes lui per met de vo ler sans bruit pour sur pren dre sa proie. Le grand-duc ha bi te les hau tes mon ta gnes et les bois é pais. Il fait son nid dans les ca ver nes, dans les ar bres creux, dans les tours en rui nes. Il fuit la so cié té des hom mes, et ce pen dant il est fa ci le à ap pri voi ser. Le grand-duc dé truit plu sieurs a ni maux nui si bles et rend ain si des ser vi ces aux cul ti va teurs. Mais les chas seurs ne l'ai ment pas, par ce qu'il dé truit beau coup de gi bier.

Héron

Le hé ron est un grand oi seau d'un gris bleu-
â tre. Il a les jam bes, le bec et le cou très longs,
et por te une hup pe noi re sur la tê te. Le hé ron
vo le très haut, mais il pas se pres que tout son
temps sur le bord de l'eau, im mo bi le, de bout
sur un pied, le cou re pli é en ar ri è re, at ten dant
les pois sons et les au tres a ni maux a qua ti ques
dont il se nour rit.

Ibis

Les i bis sont des oi seaux doux et tran quil les, qui vi vent en so ci é té sur les bords des fleu ves et des ma rais. Ils ont le corps blanc ou ro se, la tê- te et le bout des ai les noirs, verts ou bruns. Leur bec est long et re cour bé. Ils s'en ser vent pour fouil- ler dans la va se et y cher cher les vers, les in- sec tes et les ra ci nes dont ils se nour ris sent.

Jacquot

Le jac quot est le per ro quet le plus con nu et
ce lui qui ap prend le plus fa ci le ment à par ler.
On le nom me aus si *per ro quet cen dré*, à cau se
de la cou leur de son plu ma ge, qui est d'un gris
cen dré. Sa queue est rou ge et son ven tre blan-
châ tre. Le jac quot a le bout des ai les noir.
Son bec est très fort, et il s'en sert plus que de
ses pat tes pour grim per et pour se sus pen dre.

Kakatois

Le ka ka tois est un des plus grands per ro quets. Il a le plu ma ge blanc, teint de jau ne sous les ai les et sous la queue. Il por te sur la tê te u ne hup pe blan che ou rou ge. Le ka ka tois ap prend ra re ment à par ler.

Loriot.

Linotte.

Lavandière.

Loriot, Linotte Lavandière

Le loriot est un oiseau voyageur de la grosseur du merle. Il a le plumage d'un beau jaune; les ailes et la queue noires, teintées de jaune. Cet oiseau n'habite nos contrées que du mois d'avril au mois d'août; il vit sur les lisières des grands bois. Son nid, d'une forme très curieuse, est construit sur les grands arbres, à l'extrémité des branches, où il est en quelque sorte suspendu.

La linotte est un oiseau de la taille du chardonneret. Cet oiseau est surtout remarquable par la douceur et la variété de son chant; il est très aisé à apprivoiser et imite avec facilité les airs qu'on lui enseigne.

La lavandière, qu'on appelle aussi *bergeronnette,* est plus petite que la linotte, et ne s'habitue pas comme elle à la captivité; cependant elle voltige continuellement autour des laveuses, des bergers et des ouvriers qui travaillent aux champs. Sa grâce, sa légèreté et sa vivacité sont extraordinaires.

Merle et Martin-Pêcheur

Le plu ma ge de ces oi seaux of fre un con tras te frap pant. Ce lui du mar tin-pê cheur est bril lant et va ri é; ce lui du mer le est tout noir. Mais le mer le est le plus in tel li gent ; il re tient les airs qu'on lui ap prend et i mi te mê me la voix hu mai ne.

Noira

Le noi ra ou *lo ri noi ra* ap par tient à un gen-
re d'oi seaux qui tien nent des per ro quets et des
per ru ches. Le rou ge est la cou leur do mi nan te
de son plu ma ge. Son bec est plus pe tit, plus
ai gu et moins cour bé que ce lui des per ro quets.
Il a le re gard vif, la voix per çan te, les mou ve-
ments prompts et a gi les. Il sup por te bien la
cap ti vi té, mais ap prend dif fi ci le ment à par ler.

Oiseau de Paradis.

Oiseau de paradis

L'oi seau de pa ra dis est cer tai ne ment le plus beau que l'on con nais se. Il a le front, la gor ge et le de vant du cou verts, les cô tés de la tê te et du cou jau ne pail le, le des sus du corps brun mar ron, le ven tre brun clair. Ses flancs sont garnis de ma gni fi ques fais ceaux de plu mes jau nes fran gées de rou ge. Quel ques-uns ont les fais ceaux de plu mes d'un beau rou ge. La queue est surmon tée de deux plu mes très lon gues et qui n'ont de bar bes qu'à leur ex tré mi té. La ri ches se et l'é clat de ce plu ma ge ont fait croi re que cet oi seau ne pou vait ap par te nir à la ter re. C'est pour ce la qu'on l'a ap pe lé *oi seau de pa ra dis*. On a racon té sur lui u ne fou le de fa bles. On di sait qu'il n'a vait point de pieds, qu'il vo lait tou jours, mê me en dor mant, et qu'il ne se nour ris sait que de ro sée et des par fums des fleurs. Ces oi seaux ne se trou vent que dans quel ques î les de l'O cé a nie. Les sau va ges pré pa rent leur plu ma ge avec beaucoup de soin et d'ha bi le té. On fait un grand commer ce des plu mes de l'oi seau de pa ra dis pour les cha peaux de da mes.

Paon.

Paon

Le paon est le plus beau de nos oi seaux do mes ti ques. Sa tail le est gran de et é lan cée; son corps est ad mi ra ble ment pro por tion né. Les plu mes du paon sur pas sent en é clat les plus bel les fleurs et les plus é blou is san tes pier re ries. Aus si le paon ai me à é ta ler sa queue, dont les nu an ces pa rais sent en co re plus bril lan tes et plus va riées dans cet te po si tion. On dit a lors qu'il fait la roue. Il a l'air de com pren dre l'ad mi ra tion qu'il ins pi re et de goû ter les lou an ges qu'on lui a dres se. Sa tê te et son cou se ren ver sent en ar ri è re et son ai gret te s'a gi te de plai sir. C'est pour ce la qu'on fait de cet oi seau l'em blè me de l'or gueil et qu'on dit *fier com me un paon.* Au jour d'hui le paon n'est qu'un oi seau de lu xe, et on le trou ve trop co ria ce pour le man ger. Au tre fois, pour les grands fes tins, on l'é cor chait a vant de le fai re rô tir, puis on le ser vait a vec tou te sa pa ru re. On fai sait aus si a vec ses plu mes des é ven tails et mê me des cou ron nes.

Quirizao

Le qui ri za o, ap pe lé plus sou vent *hoc co*, est un oi seau de l'A mé ri que, dont les for mes rap pel lent cel les du din don. Il a le bec court et ro bus te. Sa tê te est or née d'u ne hup pe com po sée de plu mes lon gues, é troi tes et fri sées. Les hoc cos per chent sur les ar bres, où ils se main tien nent so li de ment. On les é lè ve dif fi ci le ment.

Rossignol

Le ros si gnol n'a qu'un plu ma ge ter ne, gé né-
ra le ment d'un brun roux, et ne sau rait sé dui re
par sa beau té. Mais son chant est ra vis sant, et
ce lui d'au cun au tre oi seau ne peut lui ê tre
com pa ré. C'est sur tout pen dant les bel les nuits
de prin temps qu'il ai me à se fai re en ten dre et
qu'il char me ses au di teurs pen dant des heu res
en tiè res.

Spatule.

Savacou.

Spatule, Savacou

La spa tu le doit son nom à la for me sin gu liè-re de son bec, qui est long, plat et é lar gi au bout en for me de *spa tu le*, ou de pe ti te pel le. Cet oi seau vit sur les bords des ma rais, des lacs et des fleu ves. Il se nour rit de pe tits pois sons, qu'il pê-che a droi te ment, et de vers qu'il at tra pe en fouil lant dans la va se, où on le ren con tre sou-vent en fon cé jus qu'à mi-jam be. La spa tu le é vi-te l'hom me, mais quand on la prend jeu ne, on peut l'é le ver dans les bas ses-cours et el le se fa-mi lia ri se ai sé ment.

Le sa va cou est u ne es pè ce de hé ron dont le bec est très lar ge et a pla ti en for me de cuil ler. Cet oi seau ha bi te les gran des prai ries i non dées et le bord des ri viè res, loin des lieux ha bi tés. Il se per che sur les ar bres qui s'é lè vent au près du ri va ge et là il at tend le pas sa ge des pois sons dont il fait sa prin ci pa le nour ri tu re. Pour s'en em pa rer, il plon ge ra pi de ment. Il se nour rit aus si de co quil la ges et d'au tres pe tits a ni maux qui vi vent dans les eaux des fleu ves.

Toco

Cet oi seau est re mar qua ble par la gros seur et la lon gueur ex tra or di nai re de son bec. Cet é nor me bec est aus si lé ger qu'il est grand; et on le fe rait flé chir en ser rant un peu les doigts. La lan gue du to co n'est pas moins sur pre nan te que son bec; el le res sem ble à u ne vé ri ta ble plume.

Urogalle

L'u ro gal le ap par tient au gen re d'oi seaux dé signés sous le nom de *té tras*. On le ren con tre dans les fo rêts mon ta gneu ses ou dans les plai nes couver tes de hau tes bruy è res. De là le nom de *coq de bruy è re* sous le quel on le dé si gne par fois.

Vautour fauve.

Vautour

Le vau tour est le plus grand des oi seaux de proie. Il a le corps gros, les ai les al lon gées et la tê te pe ti te, gar nie gé né ra le ment d'ex crois san ces de chair. Son cou long et min ce est or di nai re ment cou vert d'un du vet sem bla ble à de la lai ne. Quel que fois le cou est en tou ré d'u ne sor te de col le ret te de lon gues plu mes. Ces oi seaux sont plus grands que les ai gles, mais ils sont moins cou ra geux. Lors qu'ils at ta quent un a ni mal vi vant, ils se met tent tou jours plu sieurs en sem ble. Ce pen dant ils pré fè rent se nour rir de ca da vres. Les vau tours se jet tent sur cet te proie a vec u ne vo ra ci té ex ces si ve, et quel que fois ils se lais sent tuer à coups de bâ ton plu tôt que de lâ cher pri se. Ces oi seaux ren dent de grands ser vi ces à l'hom me dans cer tains pays. Ils dé vo rent tou tes les sa le tés qu'on jet te dans les rues et qui pour raient cau ser des é pi dé mies en se pour ris sant. Les vau tours marchent lour de ment, mais ce sont les oi seaux qui s'é lè vent le plus haut en vo lant. Leur vue est ex cel len te, et ils a per çoi vent leur proie à u ne gran de dis tan ce.

Xanthorne

Le xan thor ne, qu'on nom me plus or di nai rement *ca rou ge,* est un oi seau d'A mé ri que. Il a le bec, les ai les et le des sus du corps noirs, le plas tron rou ge, le crou pion o ran gé. Le nid de cet oi seau est at ta ché et com me cou su sur la feuil le de cer tains ar bres. Son ins tinct lui permet de dé cou vrir fa ci le ment le ser pent à sonnet tes, et sou vent il gui de ceux qui re cher chent ce ter ri ble rep ti le pour le dé trui re.

Yunx

Le yunx est sur tout re mar qua ble par l'ha bi-
tu de de tour ner le cou d'un mou ve ment lent et
on du lé, sem bla ble à ce lui d'un ser pent, au point
de ren ver ser sa tê te du cô té du dos. De là vient
le nom de *tor col,* sous le quel il est gé né ra le-
ment con nu. Cet oi seau se nour rit prin ci pa le-
ment de four mis, qu'il prend en dar dant sa lan gue
glu an te dans les four mi liè res.

Zopilotl

Le zo pi lotl ou *con dor* est u ne es pè ce de
grand vau tour de l'A mé ri que du Sud.

Paris. — Charles UNSINGER, imprimeur, 83, rue du Bac.